AF232286

APPEL

AU DROIT ET A LA RAISON

Deo, Patria, Rege.

AVANT-PROPOS

Ubi non est gubernator, populus corruet.　　(Prov., c. xi, 14.)

« Où il n'y a personne pour gouverner
« le peuple périt. »

L'homme doit vivre en société, une société ne peut subsister sans ordre, ni l'ordre sans justice ; et la justice ainsi que l'ordre ont besoin d'un gardien, d'un interprète, d'une force exécutive. C'est le pouvoir civil. Ce pouvoir émane de Dieu, en ce sens que l'homme ne peut s'en passer puisqu'il est inhérent à la nature sociable dont Dieu l'a pourvu. Mais ce pouvoir peut revêtir diverses formes, suivant lesquelles il prend tantôt le nom de République, tantôt celui d'Empire ou de Royauté. — Quelle est la meilleure de ces formes. Nous les avons expérimentées toutes, jugeons-les par leurs fruits :

La République ne rappelle à nos souvenirs qu'un terrorisme sanglant, des émeutes, des incendies, des pillages, des massacres. 1793, 1848 et 1870 n'offrent pas autre chose.

L'Empire, après une gloire éphémère, se solde par deux invasions, la perte de deux provinces, la ruine du pays en hommes et en argent, une humiliation que nous n'avions jamais subie !... Reste la royauté.

La Royauté légitime, c'est la France, la France de Clovis, de Charlemagne, de Saint Louis, d'Henri IV et de Louis XIV, c'est-à-dire la France sans cesse agrandie jusqu'au jour où la monarchie légitime a régné!

Igitur, nolite fieri sicut equus et mulus quibus non est intellectus. (Ps. XXXI, v. 9.)

Creusons le sujet :

§ I.

Clovis a détruit la puissance romaine dans les Gaules, alors divisées en une foule de petits états. Pépin-le-Bref les a réunis et sous son fils Charlemagne ses conquêtes, augmentées du Royaume de Bourgogne, formèrent un empire qui s'étendit de l'Océan Atlantique à l'Oder et à la Theiss, de la mer du Nord à la mer Adriatique et au duché de Bénévent.

A la mort du grand homme, du profond politique, de l'infatigable guerrier qui ne croyait pas, suivant l'idée moderne, qu'il fallait séparer l'Eglise de l'Etat, mais les faire marcher côte à côte et se prêter un mutuel appui, le royaume fut de nouveau divisé et réduit à ce point que quand Hugues Capet monta sur le trône, en 987, il ne régna guère que sur la Picardie, l'Ile-de-France et l'Orléanais. — L'esprit d'indépendance avait soufflé sur les gouverneurs de province et, avec d'autres causes, donné naissance à la féodalité. Quoiqu'il en soit, ce Prince, ainsi que ses successeurs, s'attacha à relever l'honneur de la couronne et à diminuer la puissance des grands, et l'on vit peu à peu le Royaume de France se reformer, se développer en puissance et en grandeur.

Philippe Ier acheta le Berry ;

Louis-le-Gros affranchit les communes ;

Philippe-Auguste s'empara de la Touraine et de la Normandie ;

Louis VIII se fit céder le Languedoc.

La prospérité de la France se soutint avec éclat sous Louis IX ;

Plus tard, Philippe-le-Bel joignit la Champagne à ses états, par son mariage avec Jeanne de Navarre.

Vers le milieu du XIVe siècle, Philippe VI acquit le Dauphiné et les Lyonnais reconnurent sa souveraineté.

Dans le même siècle, Charles V reprit aux Anglais le Poitou, l'Aunis, la Saintonge, le Limousin.

Dans le siècle suivant, Charles VII conquit la plus grande partie de la Guienne et de la Gascogne.

Louis XI, maître par héritage du Maine et de l'Anjou, s'empara de la Bourgogne et de la Provence.

François Ier réunit l'Auvergne, le Bourbonnais, la Marche, la Bretagne.

Henri IV augmenta la France du Béarn, du comté de Foix et d'une partie de la Gascogne.

Louis XIII se rendit maître de l'Artois, de la Cerdagne et du Roussillon.

Les guerres de la Fronde désolèrent la France si péniblement formée, mais Louis XIV vint rétablir le calme et ajouter à son territoire le Nivernais, la Franche-Comté et l'*Alsace* ; en 1766, la *Lorraine* fut également réunie à la Couronne, et deux ans après, Gênes lui céda l'île de Corse.

Par malheur, sous Louis XVI, l'esprit de révolte prit le dessus, les mauvaises passions triomphèrent ; le Trône fut brisé, le roi mis à mort, les autels furent renversés, et la patrie déchirée se vit l'objet des menaces de l'Europe. Elle résista cependant et s'augmenta encore des comtats venaissin et d'Avignon, ainsi que des territoires de Montbéliard et de Mulhausen ; puis, une main puissante s'empara du pouvoir. Le gouvernement héréditaire fut remplacé par un gouvernement de fait, Napoléon Ier reforma un empire aussi étendu que celui de Charlemagne, mais il n'eut pas même, comme ce dernier, la consolation de voir son œuvre durer autant que lui ; il succomba sous les efforts de l'Europe qu'il avait ravagée, plutôt que conquise, et vit sa capitale, Paris, au pouvoir des peuples qu'il avait vaincus !

La famille Royale, dont le règne n'avait été suspendu que par la Révolution, par un coup de force, reprit les rênes du pouvoir, et Louis XVIII, homme instruit, observateur froid, cachant beaucoup de malice sous une bonhomie candide, fit oublier à la France, par ses sages institutions, non seulement la honte de l'occupation, mais il la replaça au premier rang parmi les puissances de l'Europe. Il sut lui conserver son intégrité territoriale et sa prépondérance dans la grande famille européenne.

Nous en fûmes quittes pour payer sept cents millions et entretenir 150,000 hommes d'occupation pendant 5 ans avec faculté de nous débarrasser de ce fardeau avant ce terme si la dette était payée.

Pendant plusieurs années, la France goûta les fruits de la paix; le commerce, l'industrie, les arts reprirent leur essor, le crédit alla croissant, et pendant que la partie laborieuse de la population, ceux qui vivent du travail des mains ou de l'exploitation des richesses matérielles avait confiance et se mettait à l'œuvre, ceux qui vivent par les idées et aspirent à gouverner, trouvaient dans le nouvel ordre de choses, un aliment à leurs pensées, une carrière ouverte à leur ambition.

Le Comte d'Artois, sous le nom de Charles X, succéda à Louis XVIII, sans commotion, le silence du tombeau ne fut troublé que par le cri traditionnel de la vieille monarchie : Le Roi est mort, vive le Roi ! et quand le flot révolutionnaire vint de nouveau submerger la couronne, Charles X laissa aux partisans de l'égalité stupide, comme dernier souvenir de gloire et de dignité vengée, la conquête de l'Algérie. Les Rois ont réellement fait la France et élargi à grands coups d'épée, selon l'expression d'un de nos historiens le cercle dans lequel on cherchait à l'emprisonner.

Depuis, qu'avons-nous vu? un gouvernement de transaction sous lequel tout le monde fut mal à l'aise, la passion de l'argent se substituant à tout autre sentiment. Le culte du veau d'or s'installant à la place du culte du vrai Dieu qui, de par la loi, n'eut plus de culte national[1]. Un agiotage effréné s'emparant des esprits, excitant les convoitises, les feuilles publiques chaque jour remplies des attentats dirigés contre la personne du Roi-citoyen, des émeutes fréquentes, des crimes odieux attestant une corruption profonde et soulevant la foule contre les classes élevées. Un trône non possédé, mais défendu pied à pied pendant dix-huit années, un trône sorti des barricades de juillet 1830 et tombant sous celles de février 1848. Puis la Révolution avec ses pages sanglantes refoulée bientôt par le neveu de l'homme qui déjà l'avait terrassée ; la force rétablissant l'ordre matériel et laissant subsister le désordre moral, aveuglement funeste dont les tristes conséquences ne devaient pas être longtemps à se faire sentir. Enhardi par quelques succès au début, s'estimant affermi par de nombreux suffrages, Napoléon III crut pouvoir se passer de Dieu ; livré à sa propre sagesse, il se lança dans des entreprises mal conçues, il rêva des empires à des pôles opposés en mettant en avant l'affranchissement des nationalités, il

[1] Article 6 de la Charte de 1830.

substitua dans le gouvernement le nombre des hommes à leur qualité, moyen de tyrannie jusque-là inconnu. Sous prétexte d'émancipation des peuples, au mépris d'engagements formels, il laissa envahir le territoire des Etats de l'Eglise et consacra la politique odieuse, égoïste, impie de non-intervention qui absout tous les attentats contre la liberté des peuples qu'elle prétend servir et contre les droits les mieux établis; il laissa écraser une puissance que le bon sens même de son peuple l'invitait à protéger et au moment où il se croyait appelé à être l'arbitre des rois de l'Europe, il fut précipité du trône par les passions subversives auxquelles il s'était laissé persuader de lâcher les freins et par un voisin puissant dont il n'avait pas voulu voir ou su découvrir les sinistres projets, laissant la France humiliée, vaincue, déshonorée, appauvrie, victime de la détestable politique qu'il lui avait imposée et en proie à toutes les horreurs de la guerre civile et de la guerre avec l'étranger.

Qu'importe que le pays ait joui antérieurement à ces désastres d'une certaine prospérité matérielle, si cette prospérité matérielle ne devait pas avoir de lendemain. Sacré par la Révolution[1] un pareil gouvernement devait périr par elle, la logique le voulait ainsi et l'événement l'a prouvé.

La Monarchie héréditaire, elle, survit aux coups de main, on ne peut briser son droit parce que ce droit est supérieur à tout fait qui a pour but d'en empêcher l'exercice légitime; la violence peut le suspendre, elle ne l'abolit pas, il demeure en la personne de celui qui l'a justement recueilli. — De là la maxime : Le Roi est mort, vive le Roi !....

---

[1] C'est-à-dire par ceux qui placent la souveraineté dans le peuple.

§ II.

Qui l'a donc ce droit? en la personne de qui repose-t-il? et de quelle façon?

Le dépositaire de ce droit, c'est Monseigneur le comte de Chambord. De par droit de naissance, ce prince doit régner sur la France. Il l'a ce droit de par une possession continue, publique, paisible, non interrompue pendant des siècles en la personne de ses ancêtres qui, comme je l'ai démontré, ont agrandi et non démembré le royaume, augmenté sa gloire et sa prospérité, réparant même les désastres que d'autres avaient causés ; or, la possession avec ce caractère, et sans parler de cette protection spéciale et providentielle de Dieu qui conserva pendant huit siècles une monarchie et le trône dans la même famille, établit incontestablement le droit à une chose ainsi possédée ; il n'a donc pu en être privé que par un coup de force, et il n'y a que l'injustice ou l'aveuglement qui puisse lui refuser la couronne ; car encore une fois et en dépit de tous les systèmes, il n'y a pas de droit contre le droit !

Qu'on ne s'y trompe pas du reste. Ce n'est pas à Monseigneur le comte de Chambord qu'on s'en prend, ce n'est pas sa personne qu'on repousse ; victime de nos cruels désordres, il ne peut qu'exciter l'intérêt respectueux des âmes bien nées et des cœurs honnêtes qui ne sont pas aveuglés par l'esprit de parti ou par des ambitions malsaines ; c'est le principe qu'il représente. Quel est-il? Ah ! il faut le proclamer hautement, parce que la vérité est là toute entière. — C'est le principe qui reconnnaît que la providence intervient dans le gouvernement des affaires de ce monde, qu'elle dirige les individus et les peuples, les Rois et les nations, suivant cette parole vraie aussi à tout jamais : L'homme s'agite et Dieu le mène ; c'est le principe qui reconnaît que le pouvoir civil et le pouvoir religieux doivent marcher non pas séparés, mais côte à côte, parce que les destinées de l'homme vont au-delà de cette vie, et que les gouvernements civils créés pour le bien de l'homme, ne doivent rien entreprendre qui puisse nuire aux desseins de Dieu sur lui et à la fin à laquelle il le prédestine ; voilà le motif de la répulsion, le seul, c'est que la France anti-religieuse, on peut l'affirmer d'un peuple qui n'a plus de culte national, séparée de Dieu, veut se gouverner sans lui, en dehors de son action, prétendant tout tirer de sa propre sagesse, de la raison humaine livrée à toutes ses infirmités, ses faiblesses, ses inepties ; car, c'est inévitablement la conséquence d'un orgueil effréné, d'aboutir à la cécité même en ce qui touche ses plus chers et ses plus précieux intérêts[1].

En dehors du principe héréditaire, les hommes de gouvernement depuis 1789 ont fait tout ce qu'ils ont pu pour que le peuple se désintéressât de Dieu, afin de lui faire secouer le joug de l'autorité qu'ils savent parfaitement émaner de cette source sainte et de confisquer à leur profit, pour le besoin de leurs convoitises, les hommes et les intelligences, les esprits et les cœurs. On veut persuader à la foule que Dieu est étranger, indifférent à la marche des choses d'ici-bas, afin de tourner toute son admiration, ses complaisances, ses aspirations et ses espérances vers des êtres dont l'ambition fait le mérite et dont la haute

---

[1] *Initium superbiæ hominis, apostatare a Deo.* (Eccles. x, 14.)

opinion qu'ils ont d'eux-mêmes constitue toute la valeur, mais ils sont à peine « glorifiés et exaltés, qu'ils tombent et s'évanouissent comme la fumée. » (Ps XXXVI, 20).

§ III.

— On lui a offert la couronne, que ne l'a-t-il acceptée ?

La réponse est facile. On n'offre pas à quelqu'un une chose qui lui appartient, on la lui remet pour qu'il puisse en disposer librement. On la lui a offerte en lui imposant un drapeau de l'adoption duquel devait d'écouler forcément pour lui la reconnaissance et la consécration d'un régime de gouvernement, voilà pourquoi il a refusé d'accepter. Le droit de Monseigneur le comte de Chambord consiste à imprimer au gouvernement sa forme. Du moment qu'il eût consenti à la recevoir, il abdiquait, entre les mains de la nation, un pouvoir qu'il tient de l'hérédité, de sa qualité de roi légitime ; il se soumettait à la volonté du peuple. Recevant de lui la loi au lieu de la donner, il devenait le sujet au lieu de rester le maître. C'est ce renversement volontaire ou irréfléchi du véritable ordre de choses qui depuis quatre-vingts ans nous promène de révolution en révolution, de catastrophe en catastrophe, de désastres en désastres, et nous rend la fable et la risée des hommes sérieux. Le peuple français doit au chef de la maison de Bourbon, placé au-dessus de lui par droit de naissance et par la dilection dont j'ai déjà parlé et sur laquelle j'insisterai plus loin, parce qu'elle constitue sa légitimité, le respect, l'obéissance et l'amour ; le respect, parce qu'il est imposé par la nature et l'élévation du droit dont il est investi et par la puissance qui en découle, droit et puissance qui fondent l'autorité dans son acception la plus haute et la moins discutable et en assurent l'exercice d'une manière permanente, consciencieuse et digne ; l'obéissance, parce que c'est d'elle que dérive, dans un intérêt commun, l'unité, la cohésion qui fait la véritable force ; l'amour, parce que les intérêts que doit défendre ou protéger le Roi, au péril même de sa vie, sont communs, se confondent comme ceux des enfants avec ceux de leur père naturel. Or, quel père digne de ce nom consentirait à se laisser imposer par ses enfants le mode de direction dont il devrait user vis-à vis d'eux? Aucun, ce serait souscrire à la négation même de sa personnalité, élever le sujet à la hauteur du souverain, l'installer à son lieu et place, s'effacer et disparaître. L'admission d'une pareille prétention ne serait, en termes plus explicites, que la consécration du droit pour les sujets de se gouverner eux-mêmes, et se gouverner soi-même c'est prendre pour règle son bon plaisir, la passion ou l'intérêt ; c'est abandonner tout à la fureur des ambitions, à la férocité des appétits ; il n'y a plus ni monarchie, ni république, c'est l'anarchie permanente, sinon en acte, au moins dans le conseil, toujours prête à surgir sous quelque nom qu'elle se dissimule, sous quelque masque qu'elle se cache, car dès que l'on place, la souveraineté dans le peuple comme chaque individualité dont se compose le peuple se trouve investie d'un droit égal, d'une puissance égale, il y a autant de souverainetés que d'individualités; partant, on ne peut concevoir le gouvernement constitué qu'autant que l'assentiment de toutes ces souverainetés, sans exception, le soutiendra, il ne pourra exister réellement que par le consentement persévérant de chacun

cun de ceux qui ont coopéré à sa formation. Si une ou quelques-unes des individualités souveraines ne veulent plus rester dans l'association ou se soulèvent contre elle, l'association devra prendre fin et il y aura autant d'Etats dans l'Etat qu'il y aura de souverainetés individuelles dissidentes. Une réunion de droits, égaux chacun en particulier, ne change pas la nature ni l'importance du droit considéré en lui-même ; d'où la conséquence que si l'on veut maintenir le gouvernement en action sans tenir compte des dissidents, ce ne sera plus en vertu de la qualité du droit qu'on le pourra faire, mais en évoquant la loi du nombre, en ayant recours à la force, évocation dangereuse, car, si le nombre ou la force peut créer le droit, il peut l'abolir. Quelle garantie a-t-on d'ailleurs que le nombre représente réellement la majorité des opinions qu'il est censé représenter. Nous ne sommes plus au temps où un peuple, comme le peuple romain dans le Forum, pouvait être consulté dans une seule et même assemblée. Le mécanisme de nos institutions politiques, si parfait qu'on le suppose, permet de penser, quand on consulte l'opinion publique, qu'il se glisse dans l'expression qu'elle est appelée à manifester, des erreurs et des abus. Il se rencontre et se rencontrera toujours des hommes disposés à exploiter la crédulité des uns, l'ignorance et la faiblesse des autres, à tromper la bonne foi de celui-ci, à allumer la convoitise de celui-là, à flatter les désirs et les espérances de tous. Peut-on ne pas redouter également, avec raison, qu'à un moment donné, dans une heure d'angoisse ou de péril, un aventurier aussi audacieux que pervers ne s'empare tout à coup du pouvoir, au mépris de cette loi du nombre, et n'impose par la terreur le plus odieux despotisme, la plus cruelle tyrannie.

Dans un pays où l'on ne veut pas reconnaître que la souveraineté est au-dessus du peuple, chacun a le droit incontestable d'aspirer au premier rang parce qu'il est l'égal de tous et qu'il peut se dire logiquement autant moi que tel autre !....

Ce péril cesse, au contraire, lorsqu'il est admis que la souveraineté a un principe supérieur et que celui qui en a le dépôt, l'exercice se trouve par cela même à une hauteur à laquelle nul ne peut atteindre. Je m'explique, l'homme est sociable par nature, ceci n'a pas besoin de démonstration, or, dès qu'il se constitue en société pour satisfaire à l'impérieuse exigence de ce côté de sa nature, la souveraineté apparaît, comme la puissance dans le père de famille, comme la volonté dans l'individu, et le peuple ne la fait pas plus qu'il ne fait la justice et la loi de nature à laquelle il est contraint d'obéir, elle naît spontanément, elle se dégage du fait même de l'association au moment où elle se constitue, et le peuple n'en est ni le principe ni le maître, puisque c'est la conséquence forcée de sa constitution en état social, état social auquel il est conduit par sa nature. Il pourrait toutefois exercer la souveraineté par lui-même, mais si, au lieu de se réserver cet exercice, il l'a remis à un homme, à une famille, avec faculté de la transmettre par voie héréditaire comme une chose *in bonis*, il est évident qu'il ne peut plus, sans injustice, sans violer ses engagements, reprendre cet exercice tant qu'il reste un descendant légitime de cette famille. Ce descendant légitime c'est Monseigneur le comte de Chambord, le peuple français l'a substitué à sa puissance en remettant entre les mains de ses ancêtres le droit de souveraineté à certaines conditions marquées par le pacte social. Ce prince, ainsi investi de l'autorité, est devenu le représentant de Dieu, en ce sens qu'il jouit de la souveraineté qui est de droit naturel ou divin, parce qu'elle résulte, je le répète, de la nécessité imposée par Dieu à l'homme, de vivre en société, et, d'un autre côté, il est le substitué de la nation qui lui a abandonné non pas la souveraineté en soi, car elle ne la possède qu'en puissance, mais l'usage de l'autorité qu'elle était incapable d'exercer en masse. C'est donc bien sur la tête de ce Prince, que par droit de naissance, par origine, par hérédité, par la consécration des siècles, repose la souveraineté ; le peuple la lui a remise entre les mains, l'a transportée en lui à certaines conditions, il y a un pacte, et tant que ce pacte est observé, ce qui a été concédé ne peut pas être retiré, on ne le peut, selon la justice, bien qu'on le puisse toujours par la violence. Mais, en politique, comme ailleurs, et plus qu'ailleurs, quand la violence prend la place de l'équité tout tourne à mal et on en subit bientôt les tristes conséquences. Qui le sait mieux que nous !....

De ce que le souverain n'est pas le mandataire du peuple découle une autre conséquence que celle de sa supériorité, mais qui, cependant, en dérive. « C'est que le peuple n'a pas le droit de le changer à sa guise, le peuple lui ayant remis ses droits à l'exercice de la puissance, s'en étant dépouillé en sa faveur et ne la possédant plus, il ne peut plus en user ; car on ne peut pas en même temps donner et garder. En transportant se gouvernement dans un autre, il a renoncé au droit de se gouverner lui-même, et en concédant à un homme l'autorité, il s'est engagé par cela même à lui obéir. »

Voilà les titres irrécusables de Monseigneur le comte de Chambord à notre soumission et à notre déférence. Il devrait être d'autant plus facile de les lui reconnaître qu'il se présente à nous, avec le prestige d'une grandeur peu commune, que l'histoire de ses ancêtres est la nôtre et que notre illustration s'y confond avec la sienne.

§ IV.

Et, qu'on ne croie pas qu'en plaçant si haut la souveraineté, la liberté du peuple français puisse s'en trouver menacée, car, la liberté et le bonheur du peuple trouvent précisément leurs garanties dans la justice et la légitimité du pouvoir du prince, qu'à cause de cela on peut dire, avec l'apôtre, être « le ministre de Dieu pour le bien ; » tandis que « la raison, l'histoire et l'expérience enseignent qu'il n'y a que les pouvoirs illégitimes qui soient tyranniques. »— L'illégitimité, en effet, entraîne nécessairement après soi la faiblesse ; les pouvoirs oppresseurs ne sont point les forts, mais les faibles. La véritable tyrannie consiste en ce que celui qui gouverne a soin de ses propres intérêts, non de ceux du public ; or, c'est précisément ce qui arrive, lorsque, se sentant faible, chancelant, il se trouve obligé de prendre soin de se conserver et de se fortifier. Son but alors n'est plus la société, mais lui-même ; au lieu de songer au bien de ceux qu'il gouverne, il n'agit plus qu'en calculant l'utilité qu'il retirera lui-même de ses propres mesures.

« En parcourant l'histoire, on voit partout, écrite en lettres de sang, cette vérité importante : *Malheur aux peuples gouvernés par un pouvoir qui se trouve obligé de penser à sa propre conservation.* Vérité fondamentale dans la science politique, vérité oubliée néanmoins d'une manière lamentable dans les temps modernes. Quels prodigieux efforts n'a-t-on pas faits, ne fait-on pas encore, afin de créer des garanties pour la liberté ! Pour y parvenir, on a renversé une multitude de gouvernements et on a pris à tâche de les affaiblir tous, sans faire attention que c'était le moyen le plus sûr d'introduire l'oppression. Qu'importent les voiles dont se couvre le despotisme et les formes sous lesquelles il essaie de se déguiser ? L'histoire qui tient registre en silence des attentats commis depuis plus de quatre-vingts ans en Europe ; la véritable histoire, non celle qui est écrite par les auteurs de ces attentats, par leurs complices ou par ceux qui en profitent, dénoncera à la postérité les injustices et les crimes commis par les gouvernements qui voyaient approcher leur fin, secrètement vaincus par l'illégitimité de leur origine.

« Pourquoi donc a-t-on déclaré une si rude guerre aux doctrines qui tendent à fortifier la puissance civile en la déclarant légitime et en faisant émaner cette légitimité du ciel ? Comment a-t-on pu oublier que la légitimité du pouvoir est un élément indispensable pour constituer la force du pouvoir, et que cette force est la plus sûre garantie de la véritable liberté ? Et qu'on ne traite pas ces assertions de paradoxes. Quel est le but des sociétés et des gouvernements ? N'est-ce pas de substituer la force publique à la force privée, et de faire prévaloir le droit sur le fait ? Or, dès que vous vous attachez à miner le pouvoir, dès que vous avilissez les titres sacrés sur lesquels se fonde l'obéissance qu'on lui doit, vous attaquez au même instant l'objet même de l'institution de la société ; affaiblissant par là l'action de la force publique, vous provoquez le développement de la force privée, ce à quoi précisément l'institution des gouvernements devait porter remède , ...

. . . .

vous dressez le despotisme au milieu de la société comme une idole monstrueuse à laquelle tout doit être sacrifié, sans considération pour les principes éternels de la morale, sans autre règle que le caprice de celui qui commande, sans autre borne à son pouvoir que celle qui lui est marquée par les limites de sa force. Tel est le résultat auquel nécessairement on aboutit lorsqu'on a chassé du monde l'autorité de Dieu : l'homme, livré à lui-même, ne réussit à produire que la servitude ou l'anarchie, un même fait sous deux formes : *l'empire de la force.* »

Sous un gouvernement légitime, au contraire, la liberté n'a rien à craindre, parce que, j'insiste sur ce point, elle trouve sa garantie même dans un pouvoir qui n'est établi que pour le bien, condition dont il ne saurait s'affranchir. Mais il faut comprendre qu'il n'est dû protection qu'à la liberté honnête, à celle qui ne cherche qu'à se mouvoir dans l'ordre et non à celle qui serait une violation de la liberté des autres ou des éternels principes de la morale et de la religion ; car, à cette liberté nul n'a droit et un prince qui comprend sa mission ne doit pas plus en permettre la revendication qu'en tolérer l'exercice. On ne doit jamais, dans un gouvernement bien organisé, pouvoir attaquer impunément ce qui sert de fondement à la société, ce qui constitue sa vie aussi bien que le bonheur de ceux qui la composent. La loi morale n'a jamais trop d'empire et la religion trop d'autorité ; car si le pouvoir civil et le pouvoir religieux ont des sanctions différentes, il n'en est pas moins vrai qu'ils poursuivent un même but, le bonheur de l'homme. Leur origine est la même et aussi leur fin, c'est pour cela que, malgré la différence des moyens, ils doivent, dans une certaine mesure, unir leurs efforts ou tout au moins ne pas faire obstacle à l'exercice mutuel de leur importante mission.

§ V.

Ceci posé, que deviennent les calomnies ridicules, stupides, répandues contre le pouvoir légitime, calomnies qui consistent à persuader que son retour amènerait le rétablissement de la dîme, la reconstitution de la noblesse, les tailles, les corvées, l'esclavage, que sais-je.....

La noblesse n'existe et n'existera plus désormais en France, comme caste. La noblesse tirait sa puissance de la propriété du sol, elle existait à l'époque où l'on pouvait dire avec vérité : Nulle terre sans seigneur, nul seigneur sans terre. Et c'était le petit nombre qui possédait la terre tandis qu'à ce titre aujourd'hui tout le monde est seigneur, car tout le monde, pour ainsi dire, est propriétaire ou peut le devenir. Que chacun de ce chef refoule donc la terreur qui l'assiége. Nous avons encore quelques noms d'origine nobiliaire, nous n'avons plus de noblesse.

La haine des distinctions devrait d'ailleurs d'autant moins nous égarer que nous sommes le peuple au monde qui en a le plus la soif. La dernière République n'a créé ni Ducs, ni Comtes, ni Barons, mais elle a fait des Chevaliers, des officiers de la Légion-d'Honneur, etc., etc., et elle a donné autant qu'elle a pu aux gens de son parti, honneurs, places, dignités, et chacun sait quelle hauteur, quel absolutisme et surtout quelle rare capacité ils déploient dans l'exercice des fonctions qui leur sont confiées ! Si Monseigneur le comte de Chambord revenait, il y aurait place pour tout le monde honnête, c'est-à-dire pour le bon droit, la moralité, la justice, parce que tout cela est de l'essence de son pouvoir. Ses préférences seraient pour le mérite vrai, sans turbulence ni forfanterie, pour la loyauté sans réserve, pour l'honorabilité sans tache dans quelque classe qu'il les trouvât. Son respect serait assuré à la religion, à la famille, à la propriété ; loin d'alourdir les impôts il s'attacherait à les alléger. Nous en avons pour preuve ce qu'ont fait ses augustes devanciers, malgré les désastres auxquels, eux aussi, avaient succédé. L'Eglise n'interviendrait pas dans son gouvernement, mais il ne s'opposerait pas à son enseignement, à ce qu'elle accomplît son œuvre de civilisation, de charité, d'apaisement et de salut ; il sait trop bien « que l'homme est d'autant plus digne de liberté qu'il est plus religieux et plus moral, qu'il a d'autant moins besoin de frein extérieur qu'il en trouve un plus puissant dans sa conscience. »

§ VI.

Ces considérations ne déterminent en aucune façon, je le sais, la forme qui serait donnée au gouvernement et la direction qu'il recevrait ; il n'est pas impossible cependant de le pressentir. Monseigneur le comte de Chambord reviendrait après les Rois Louis XVIII et Charles X, et il me semble que ceux-ci ont laissé un monument sur lequel peuvent s'arrêter un instant les regards, d'autant mieux que le Roi Louis XVIII, en promulguant la charte de 1814, était loin de penser qu'elle ne devrait subir aucune modification ultérieure ; sa pensée se révèle clairement à cet égard dans le préambule de cet acte constitutionnel : « Nous avons considéré que bien que l'autorité toute entière résidât en France dans la personne du Roi, nos prédécesseurs n'avaient point hésité à en modifier l'exercice suivant la différence des temps ; que c'est ainsi que les communes ont dû leur affranchissement à Louis-le-Gros, la confirmation et l'extension de leurs droits à Saint-Louis et à Philippe-le-Bel ; que l'ordre judiciaire a été établi et développé par les lois de Louis XI, de Henri II et de Charles IX ; enfin que Louis XIV a réglé presque toutes les parties de l'administration publique par différentes ordonnances dont rien encore n'avait surpassé la sagesse. »

Ainsi, dès à présent et à la faveur de ce document on peut justement penser que la forme du gouvernement de Monseigneur le comte de Chambord serait la forme représentative. Le Roi, une chambre des pairs, une chambre des députés, — des ministres responsables, — l'égalité devant la loi, — l'admission pour tous les français à tous les emplois civils et militaires, — la répartition de l'impôt et des charges publiques dans la proportion des facultés de chacun, — la liberté de publier et de faire imprimer ses opinions en se conformant aux lois, — la garantie de la liberté individuelle, — la liberté des cultes, — l'inviolabilité de la propriété privée, sauf les exceptions prévues par les lois sur l'expropriation pour cause d'utilité publique, — l'institution du jury.

Tout cela avec les modifications de détail ou plutôt avec la réglementation compatible avec la dignité de la couronne, l'ordre et la sécurité publics.

La monarchie héréditaire ayant pour elle le droit, l'ancienneté, la splendeur, la logique, il faut en conclure en terminant que tant que la France restera en dehors du principe de la souveraineté légitime, elle sera sans force, sans dignité, sans grandeur véritable, elle n'aura aucune alliance réelle. Tout principe de gouvernement en dehors de celui-là sera suspect aux Cours de l'Europe, elles n'y

verront aucun gage sérieux d'ordre intérieur et de paix gé-
nérale ; or, être isolé, c'est être faible, c'est être exposé
à tous les outrages, à toutes les violences, à toutes les
exactions. Si nous n'avions été dans l'isolement, l'Italie
n'aurait pas violé la convention de septembre, la Prusse ne
nous aurait pas vaincus, ne nous aurait pas conquis ! ! !...

Nous marchons, dit-on, à une restauration impériale,
fasse le ciel que nous n'attirions pas par là, sur nous, de
nouveaux malheurs, et une troisième invasion. Quand une
nation a détourné ses regards de Dieu, il lui enlève l'esprit
de conseil, de sagesse et de force, et il n'est pas rare de la
voir chercher comme un gage de salut ce qui doit préci-
piter sa perte. « *Dominus inclinabit manum suam, et corruet auxiliator, et cadet cui præstatur auxilium, simulque
omnes consumentur.* » (Isaïe, chap. XXXI, v. 3) Le Seigneur
étendra sa main, l'auxiliateur sera renversé, celui qu'il
devait secourir tombera avec lui et une même ruine les en-
veloppera !...

La France monarchique ressemblerait à un fleuve ma-
gnifique dont les flots majestueux, calmes et purs, porte-
raient partout la fraîcheur, la fécondité, la vie. La France
révolutionnaire ne sera jamais qu'un torrent débordé et
fangeux qui, dévastant tout sur son passage, ne laissera
après lui que des ruines, du deuil de la misère et des
larmes.

Accende lumen sensibus.